50 x Italien
VOM BLECH

Stefanie Hiekmann

50 x Italien vom Blech

EINFACH GENIALE OFENGERICHTE
FISCH | FLEISCH | GEMÜSE

EMF

EIN BUCH DER
EDITION MICHAEL FISCHER

Antipasti-Gemüse
mit Pinienkernen, **S. 20**

Gemüse-Linsen
mit Büffelmozzarella & Kräutern, **S. 74**

Knusprige Bruschetta, S. 34

Inhalt

Oliven-Focaccia, S. 40

Fregola Sarda
mit Rote Bete, Schinken & Parmesan, S. 52

Schinken-Ricotta-Cannelloni
mit Oliven & Tomaten, S. 18

Tomaten-Parmesan-Risotto, S.72

Ofengemüse
mit Polenta-Parmesan-Haube, **S.62**

Kabeljau mit Pfirsichen, Tomaten & Gorgonzola, **S.94**

Italienischer Hackbraten mit Röstkartoffeln, **S.102**

Ofen-Omelett „Caprese“, **S.78**

Lachsfilet
auf Spargel-Tagliatelle & Parmesanrahm, **S.92**

Einleitung

Schnell und lecker soll die Küche im Alltag sein – und bestenfalls auch noch frisch, gesund, unkompliziert und mit wenig Abwasch. Klingt nach Wunschkonzert? Stimmt! Aber wer sagt denn, dass es keine Wunschkonzerte geben kann?!

Dieses Buch enthält 50 leckere Rezepte, die allesamt ganz einfach im Ofen zubereitet werden. Viele Gerichte lassen sich gut schon einen Tag eher vorbereiten und dann nur noch im Ofen erwärmen. Andere sind perfekt für Gäste, für das sommerliche Buffet zur Gartenparty, wieder andere eignen sich gut für die Mittagspause oder ein schnelles Abendessen mit der Familie. Der rote Faden, der sich durch alle Rezepte zieht, heißt „Italien". Alle 50 Rezepte erinnern an Klassiker der italienischen Küche, an Urlaubsleckereien aus dem vergangenen Sommer oder einfach an die leichte, aromatische Küche des Südens.

Lassen Sie sich inspirieren, kochen Sie sich durch Italien und probieren Sie nebenbei auch gern eigene Kreationen aus. Das Antipasti-Gemüse (S. 20) lässt sich zum Beispiel immer wieder mit neuen und zusätzlichen Gemüsesorten variieren. Immer nur auf die Garzeit und die gewählte Schnittgröße achten, sodass alles gleichmäßig gart. Auch mit Kräutern lässt sich bei vielen Rezepten spielen. Frische Kräuter immer am besten nach dem Garen unter das warme Gericht heben und dann nicht mehr oder nur leicht erhitzen – so sind die tollen Aromen von frischen Kräutern besonders präsent.

Zum Schluss noch der wichtigste Tipp: Investieren Sie zum Abschmecken in ein gutes, hochwertiges Olivenöl. Am besten kaufen Sie mal verschiedene und probieren pur, welches am fruchtigsten, am kräftigsten oder am mildesten schmeckt – und was Ihnen wiederum am besten gefällt! Zum Kochen und Erhitzen reicht ein vergleichsweise einfaches, aber dennoch gutes Öl (aus schlechten Zutaten etwas Gutes zu kochen ist schwer möglich …). Zum Abschmecken nach dem Kochen bitte immer ein richtig gutes Öl verwenden, denn dieses ist – gerade in der italienischen und mediterranen Küche – das i-Tüpfelchen auf dem Teller.

Viel Spaß & buon appetito!

TIPPS UND TRICKS RUND UM DIE REZEPTE IN DIESEM BUCH

BACKBLECHE UND FORMEN

Alle Rezepte werden wahlweise auf einem Backblech oder in einer passenden Ofen- oder Auflaufform zubereitet. Manchmal bietet sich auch ein ofenfester Topf (zum Beispiel aus Gusseisen) an, wie beim Pulled Beef oder für die beiden Ofen-Suppen (Antipasti-Suppe und Tomaten-Suppe).

Gerichte, die bis auf etwas Öl nahezu ohne Flüssigkeit auskommen, wie zum Beispiel die italienischen Backkartoffeln, die Tomaten-Bruschetta oder die Spargel-Schinken-Sticks können wunderbar auf einem ganz normalen Backblech zubereitet werden. Immer dann, wenn größere Mengen Flüssigkeit im Spiel sind, also zum Beispiel beim Risotto, bei den Fregola-Nudeln oder auch bei größeren Mengen Ofengemüse, sollte man eine Ofenform mit einem etwas höheren Rand wählen.

OFFEN ODER ABGEDECKT BACKEN?

In vielen Rezepten ist die Rede von einem Deckel, mit dem die Ofenform zeitweise während des Backens abgedeckt werden soll. Wer eine Form ohne Deckel verwendet, nimmt einfach einen Bogen Backpapier, den man straff über die Form spannt. Warum diese Abdeckung? Beim offenen Backen im Ofen wird dem Gargut Feuchtigkeit entzogen. Das kann manchmal genau das Ziel sein, wie etwa bei den italienischen Backkartoffeln oder bei der Ofen-Tomatensuppe, für die die Kirschtomaten bewusst stark angeröstet werden. Manchmal wären Röstaromen aber auch kontraproduktiv – nämlich dann, wenn es darum geht, dass Teigwaren, Fleisch oder Gemüse saftig bleiben sollen oder auch in einer Flüssigkeit garen sollen, die man extra hinzugibt. Durch einen Deckel oder einen Bogen Backpapier verhindert man das Austrocknen der Zutaten an der Oberfläche und sorgt dafür, dass die in diesem Fall unerwünschten Röstaromen gar nicht erst entstehen. Etwa dann, wenn Nudeln in einer Tomatensoße garen, wenn ein sämiges Risotto zubereitet wird oder wenn Blumenkohl sanft, also ohne Farbe, garen soll, damit er schön mild bleibt.

ABWANDELN UND VARIIEREN

Wer oft und gerne kocht, der weiß: Rezepte sind erst mal nur Leitfäden und Ideen. Ideen, die darauf warten, erweitert, verändert oder abgewandelt zu werden. Natürlich sollte man sich an Mischungsverhältnisse, Mengenangaben und Garzeiten halten, insbesondere bei Flüssigkeiten, Teigen und ähnlichen Komponenten, bei denen es trotz aller Kreativität durchaus einige Regeln zu beachten gibt.

Aber wer sagt schon, dass die Zucchini, die noch im Gemüsefach liegt, nicht mit in die schnellen Ofennudeln wandern kann, die in der kräftigen Tomatensoße im Ofen gar ziehen? Sie würde wunderbar passen und das Gericht schön erweitern. Genauso auch Parmesan, der beim letzten Gericht vielleicht übrig geblieben ist: Natürlich schmeckt der auch fein gebröckelt im Antipasti-Gemüse, das es am nächsten Tag zum Abendessen gibt.

Wenn Sie Erfahrung mit Garzeiten, entsprechenden Unterschieden und Mengenverhältnissen haben, dann seien Sie mutig und probieren Sie aus, Zutaten zu ergänzen und zu variieren. Wichtig ist dabei eben nur, dass man die Proportionen und Mischungsverhältnisse in etwa beibehält. Und: Bei Teigen, wie etwa dem Pizzateig, gibt es natürlich keinen Variationsspielraum. Der funktioniert nur so – und nicht zum Beispiel mit 150 ml Wasser mehr! Wer bei der Pizza kreativ werden möchte, denkt sich andere Beläge aus. Und auch hier gilt: Schauen, wie lange welche Zutaten garen müssen – und wie dick oder dünn Sie dafür geschnitten sein sollten. Wenn eine Pizza gerade mal 8 Minuten bei 250 Grad im Ofen backt, dann würden rohe Auberginenscheiben nie gar werden – diese und ähnliche Zutaten, die eine längere Garzeit haben oder teilweise auch niedrigere Temperaturen benötigen, sollten deshalb immer vorgegart werden, bevor man die Pizza damit belegt. Oder aber auch erst nach dem Backen auf die Pizza gelegt werden – je nachdem. Also werden Sie kreativ und haben Sie Spaß beim Ausprobieren!

Rezepte

VORSPEISEN,
SNACKS &
ANTIPASTI

MINI-
AUBERGINEN-PIZZEN

ZUTATEN
FÜR 3–4 PORTIONEN

1 Aubergine

Salz

300 g gestückelte oder passierte Tomaten

3 EL Olivenöl

Salz

100 g Parmesan

Trüffelsalami, Pilzscheiben o. Ä. nach Wahl

(ALS VORSPEISE)

ZUBEREITUNG

Den Backofen auf 185 °C (Umluft) vorheizen.

Die Aubergine waschen, putzen und in etwa ½ cm dicke Scheiben schneiden.

Die Auberginenscheiben auf einen Bogen Backpapier setzen, leicht mit Salz bestreuen und 15 Minuten ziehen lassen. In der Zwischenzeit die gestückelten Tomaten mit Olivenöl und Salz abschmecken und den Parmesan reiben.

Die Auberginenscheiben etwas abtropfen lassen (sie geben durch das Salz etwas Flüssigkeit ab), auf ein gefettetes Blech setzen, mit der Tomatensoße bestreichen und den frisch geriebenen Parmesan daraufgeben. Wahlweise noch pro Auberginenscheibe eine dünne Scheibe Salami, Schinken, dünne Pilzscheiben oder anderen Belag auflegen oder einfach pur mit Tomatensoße und Käse backen.

Die Mini-Auberginen-Pizzen etwa 12–15 Minuten im heißen Ofen backen, dann direkt servieren und genießen.

SCHINKEN-RICOTTA-CANNELLONI MIT OLIVEN & TOMATEN

ZUTATEN
FÜR 12 CANNELLONI

75 g grüne Oliven

50 g getrocknete und eingelegte Tomaten in Öl

12 Scheiben Schinken (z. B. Parmaschinken oder Serranoschinken)

250 g Ricotta

(4 PORTIONEN ALS VORSPEISE)

ZUBEREITUNG

Den Backofen auf 170 °C (Umluft) vorheizen und ein Blech fetten.

Die Oliven und die eingelegten Tomaten in feine Scheiben bzw. Streifen schneiden.

Den Schinken in einzelnen Scheiben vorbereiten und für die Füllung Ricotta, Olivenscheiben und Tomatenstreifen vermengen.

Immer eine Scheibe Schinken ausbreiten und seitlich am Rand 1 guten TL der Füllung platzieren. Den Schinken um die Füllung wickeln und auf das Blech setzen.

Die Schinken-Ricotta-Cannelloni im heißen Backofen 15 Minuten backen. Am besten noch lauwarm als Fingerfood servieren!

TIPP

Wer mag, gibt noch frische Basilikumblätter mit in die Füllung!

ANTIPASTI-GEMÜSE
MIT PINIENKERNEN

ZUTATEN
FÜR 4 PORTIONEN

1 große Aubergine
2 Zucchini
3 Paprika
1 TL Salz
50 ml Olivenöl

ZUM SERVIEREN
3 EL Pinienkerne
3–4 EL hochwertiges Olivenöl
1 Handvoll Basilikumblätter

NACH WUNSCH
Knoblauchzehen
Zwiebeln oder Schalotten

(ALS VORSPEISE, Z. B. MIT CIABATTA UND AIOLI)

ZUBEREITUNG

Den Ofen auf 175 °C (Umluft) vorheizen.

Das Gemüse waschen und putzen. Aubergine und Zucchini in feine Scheiben schneiden, Paprika in dünne Streifen schneiden.

Das Gemüse abwechselnd in einer gefetteten Auflaufform schichten, zwischendurch in den einzelnen Schichten immer wieder salzen und etwas Olivenöl auf das Gemüse träufeln. Mit Salz und Olivenöl abschließen und einen Bogen Backpapier über das Gemüse spannen. Alternativ kann auch eine Ofenform mit Deckel verwendet werden. Ziel ist es einfach, dass das Gemüse nicht röstet und trocken wird, sondern schön saftig bleibt und im eigenen Saft gart.

Das Gemüse etwa 45 Minuten im Ofen backen. Währenddessen die Pinienkerne ohne Fett in einer kleinen Pfanne vorsichtig anrösten. Gemüse aus dem Ofen nehmen und mindestens lauwarm abkühlen lassen. Dann mit kaltem Olivenöl beträufeln und mit gerösteten Pinienkernen und gewaschenen Basilikumblättern bestreut servieren.

TIPP
Wer es würziger mag, schält Knoblauch und Zwiebeln oder Schalotten, schneidet sie in Scheiben und schichtet einige dünne Knoblauchscheiben und/oder Schalottenringe mit dem Gemüse. Auch ganze Kirschtomaten und Chiliflocken können das Antipasti-Gemüse variieren und ergänzen!

BLUMENKOHL-ANTIPASTI
MIT KAPERN & ZITRONE

ZUTATEN
FÜR 4 PORTIONEN

FÜR DEN BLUMENKOHL

1 Blumenkohl

½ TL Salz

5 EL Olivenöl

50 ml Gemüsebrühe

ZUM ABSCHMECKEN

½ Bio-Zitrone

3 EL Kapern

3 EL hochwertiges Olivenöl

Salz

(ALS VORSPEISE)

ZUBEREITUNG

Den Backofen auf 170 °C (Umluft) vorheizen und eine Auflaufform mit Olivenöl fetten.

Den Blumenkohl in Röschen teilen, waschen und in die Auflaufform geben. Tipp: Wer die doppelte Menge zubereitet, kann auch super die Fettpfanne aus dem Backofen verwenden.

Die Blumenkohlröschen mit Salz, Olivenöl und Gemüsebrühe vermengen, mit Backpapier abdecken, sodass das Gemüse nicht austrocknet, und im heißen Backofen etwa 45 Minuten noch leicht bissfest backen.

Anstelle des Backpapiers kann je nach Form natürlich auch ein Deckel verwendet werden. Die Zitrone heiß abwaschen und von der Hälfte die Schale fein abreiben.

Die Blumenkohlröschen noch warm mit den Kapern und mit der Zitronenschale vermengen. Das kalte Olivenöl unterheben und das Blumenkohl-Antipasti-Gemüse lauwarm oder zimmerwarm servieren.

ANTIPASTI-BUFFET

Dazu passen das bunte Antipasti-Gemüse und die Orangen-Chili-Möhren aus diesem Buch – dazu noch die Schinken-Spargel-Sticks und Bruschetta, fertig ist das selbst gemachte Antipasti-Buffet!

MÖHREN-CHILI-NUDELN
MIT WALNUSSKERNEN & ORANGE

ZUTATEN
FÜR 4 PORTIONEN

FÜR DIE MÖHREN

1 kg Möhren

1 getrocknete Chilischote

3 EL Sonnenblumenöl

50 ml Gemüsebrühe

½ TL Salz

NACH DEM BACKEN

½ Bio-Orange

50 g Walnusskerne

2–3 EL hochwertiges Olivenöl

(ALS VORSPEISE)

ZUBEREITUNG

Eine Auflaufform gründlich fetten und den Backofen auf 170 °C (Umluft) vorheizen.

Die Möhren waschen, schälen und der Länge nach in dünne Streifen hobeln. Die Chilischote grob zerstoßen.

Die Möhren-Tagliatelle zusammen mit Sonnenblumenöl, der Gemüsebrühe, dem Salz und den Chilistücken in die Form geben, alles vermengen und die Form mit einem Bogen Backpapier abdecken, sodass die Möhren beim Garen nicht austrocknen. Die Möhren-Nudeln im heißen Ofen etwa 25 Minuten backen.

Die Orange heiß abwaschen und von einer Hälfte die Schale fein abreiben, den Saft auspressen und auffangen. Die Walnusskerne in einer kleinen Pfanne ohne Fett vorsichtig anrösten, etwas abkühlen lassen und dann grob hacken.

Die warmen Möhrennudeln direkt mit der Orangenschale und dem Orangensaft vermengen und das hochwertige Olivenöl unterheben. Die Möhren wahlweise lauwarm oder zimmerwarm mit gehackten Walnusskernen bestreut servieren.

SPARGEL-SCHINKEN-STICKS

ZUTATEN
FÜR 4 PORTIONEN

500 g Spargel (dünne Stangen)

Salz

2 Lagen Parmaschinken oder Serranoschinken (etwa 16 Scheiben)

3 EL Olivenöl

(ALS VORSPEISE)

ZUBEREITUNG

Ein Backblech fetten und den Ofen auf 165 °C (Umluft) vorheizen.

Die dünnen Spargelstangen waschen, schälen und die hölzernen Enden abschneiden.

Den Spargel auf dem Blech verteilt, nur sehr leicht salzen, da der Schinken auch noch eine Portion Salz abgibt. Die Spargelstangen jeweils locker mit einer Scheibe Schinken ummanteln, wieder auf das Blech legen und das Olivenöl gleichmäßig über den Spargel-Schinken-Sticks verteilen.

Im heißen Backofen rund 15–18 Minuten backen, leicht abkühlen lassen und auf dem Vorspeisenbuffet oder zu einem Rucola-Honigmelonen-Salat servieren.

TIPP

Die Spargel-Schinken-Sticks schmecken außerhalb der Spargelsaison auch mit grünem Spargel, der mittlerweile nahezu ganzjährig erhältlich ist.

FENCHEL-ORANGEN-LASAGNE

ZUTATEN
FÜR 4 PORTIONEN

ZUTATEN FÜR DAS FENCHEL-ORANGEN-GEMÜSE

3 mittelgroße Fenchelknollen

3 Bio-Orangen

1 getrocknete Chilischote

etwas Salz für die Fenchelscheiben

6–8 EL Olivenöl

2 EL Weißweinessig

½ TL Meersalz

KURZ VOR ENDE DER GARZEIT

100 g Parmesan

ZUM ANRICHTEN

1 Handvoll Pinienkerne

150 g Crème fraîche

(ALS VORSPEISE)

ZUBEREITUNG

Den Backofen auf 165 °C (Umluft) vorheizen und eine Ofenform mit Öl fetten.

Die Fenchelknollen waschen, putzen und längs in sehr dünne Scheiben schneiden. Die Orangen schälen und filetieren. Die Chilischote fein zerstoßen.

Die Fenchelscheiben leicht salzen und abwechselnd mit den Orangenfilets in der Form schichten. Das Olivenöl mit dem Weißweinessig, den Chilistücken und dem Meersalz vermengen und zwischen jede Schicht etwas Marinade geben.

Die oberste Schicht mit Marinade abschließen und einen Bogen Backpapier über das Gemüse spannen, sodass es beim Backen nicht austrocknet, sondern im eigenen Saft gart.

Das Fenchel-Orangen-Gemüse im heißen Backofen rund 40 Minuten garen.

Währenddessen den Parmesan reiben und die Pinienkerne in einer kleinen Pfanne ohne Fett vorsichtig anrösten.

Nun die Abdeckung entfernen, den geriebenen Parmesan über das Gemüse geben und alles offen bei 180 °C (Umluft) rund 10 Minuten weiterbacken.

Das Fenchel-Orangen-Gemüse lauwarm mit den gerösteten Pinienkernen und kalter Crème fraîche servieren.

TIPP

Dazu passt frisches Ciabatta!

LAUWARMER MÖHREN-TOMATEN-SALAT

ZUTATEN
FÜR 4 PORTIONEN

FÜR DAS OFENGEMÜSE

1 kg Möhren

500 g kleine Kirschtomaten

2 Knoblauchzehen

1 rote Zwiebel

1 TL Salz

1 getrocknete Chilischote

5 EL Olivenöl

ZUM ANRICHTEN UND ABSCHMECKEN

½ Bund Lauchzwiebeln

2 EL Kapern

2 EL Weißweinessig

½ TL Ahornsirup

Salz

Pfeffer

50 g Parmesan

(ALS VORSPEISE)

ZUBEREITUNG

Den Backofen auf 175 °C (Umluft) vorheizen und eine Ofenform mit Olivenöl fetten.

Möhren schälen und in Scheiben schneiden, die Kirschtomaten waschen. Knoblauchzehen und die rote Zwiebel schälen, die Knoblauchzehen fein würfeln, die Zwiebel in dünne Ringe schneiden. Die Chilischote grob zerstoßen.

Alle Zutaten für das Ofengemüse in der Ofenform vermengen und einen Bogen Backpapier über die Form spannen, sodass das Gemüse beim Backen nicht austrocknet.

Das Möhren-Tomaten-Gemüse 30 Minuten abgedeckt im Ofen backen, dann das Papier (oder einen verwendeten Deckel) entfernen, alles einmal vermengen und das Gemüse weitere 15 Minuten offen im Ofen rösten. Das Gemüse aus dem Ofen nehmen und lauwarm abkühlen lassen.

In der Zwischenzeit die Lauchzwiebelringe waschen und in feine Ringe schneiden. Das lauwarme Gemüse mit den restlichen Zutaten vermengen und abschmecken. Den Parmesan hobeln und unmittelbar vor dem Servieren über den Gemüsesalat geben.

TIPP

Den Salat immer lauwarm oder mindestens zimmerwarm servieren – so kommen die verschiedenen Aromen und Geschmacksnuancen am besten raus!

ANTIPASTI-PÄCKCHEN
MIT BÜFFELMOZZARELLA

ZUTATEN
FÜR 4 GEMÜSE-PÄCKCHEN

250 g bunte Kirschtomaten
1 gelbe Paprika
1 rote Paprika
1 mittelgroße Zucchini
150 g Büffelmozzarellakugeln
½ TL Salz
4 EL Olivenöl

(ALS VORSPEISE)

ZUBEREITUNG

Den Backofen auf 170 °C (Umluft) vorheizen.

Das Gemüse waschen, putzen, die Tomaten halbieren, Paprika und Zucchini würfeln oder in Streifen schneiden und in einer großen Schüssel mit den Mozzarellakugeln, dem Salz und Olivenöl vermengen. Wer mag, gibt für etwas Schärfe noch Chiliflocken dazu. Alles gleichmäßig und mittig auf vier Backpapierbögen verteilen. Die Bogen seitlich wie ein Bonbon zu einem Päckchen eindrehen, oben locker verschließen und auf ein Backblech setzen. Die geschlossenen Päckchen etwa 45 Minuten im heißen Ofen backen.

Die Päckchen oben etwas öffnen und direkt warm aus dem Ofen oder auch lauwarm mit geröstetem Ciabatta und gutem Olivenöl servieren.

TIPP
Die Päckchen können Vorspeise und Beilage zugleich sein und lassen sich toll variieren!

KNUSPRIGE BRUSCHETTA

ZUTATEN
FÜR 8–12 BRUSCHETTA

½ Baguette
400 g Kirschtomaten
1 kleine rote Zwiebel
1 Knoblauchzehe
5 EL Olivenöl
Salz
1 Handvoll Basilikumblätter

(4 PORTIONEN ALS VORSPEISE)

ZUBEREITUNG

Den Backofen auf 175 °C (Umluft) vorheizen.

Das Baguette in 8–12 Scheiben schneiden. Die Tomaten waschen, putzen und fein würfeln. Die Zwiebel und die Knoblauchzehe schälen und sehr fein würfeln.

Die Baguettescheiben auf den Rost des Backofens legen und im heißen Ofen etwa 6 Minuten rösten, dann wenden und weitere 3 Minuten rösten.

In der Zwischenzeit in einer Schüssel aus Tomaten, Zwiebelwürfeln, Knoblauch, Olivenöl und etwas Salz einen feinen Salat mischen und abschmecken.

Die warmen Baguettescheiben mit Olivenöl beträufeln und mit dem Tomatensalat belegen. Direkt noch warm servieren und mit gewaschenen Basilikumblättern verzieren.

TIPP

Bruschetta lassen sich auf unterschiedlichste Weise variieren. Neben den Tomaten haben zum Beispiel auch ein Löffel voll Kapern, gezupfter Büffelmozzarella oder fein geschnittene Kräuter (Petersilie, Basilikum, Minze) Platz und geben jeweils ein ganz neues Geschmacks- und Aromenbild!

WARME SCHINKEN-CROSTINI MIT TOMATEN & PARMESAN

ZUTATEN

FÜR 8–12 CROSTINI

½ Baguette

300 g Kirschtomaten

8–10 Scheiben luftgetrockneter oder geräucherter Schinken (nach Geschmack)

50 g Parmesan

3 EL Olivenöl

ZUM ANRICHTEN

1 Handvoll Basilikumblätter

etwas Parmesan

(4 PORTIONEN ALS VORSPEISE)

ZUBEREITUNG

Den Backofen auf 175 °C (Umluft) vorheizen.

Das Baguette in 8–12 Scheiben schneiden. Die Tomaten waschen, putzen und fein würfeln. Den Schinken fein würfeln. Den Parmesan fein reiben.

Die Baguettescheiben auf den Rost des Backofens legen und im heißen Ofen etwa 3 Minuten rösten, dann wenden und weitere 3 Minuten rösten.

In der Zwischenzeit Tomaten, Schinken, Parmesan und das Olivenöl vermengen.

Die warmen Baguettescheiben mit dem Tomaten-Schinken-Parmesan-Salat belegen und im heißen Backofen etwa 6 Minuten (je nach gewünschtem Bräunungsgrad) überbacken.

Direkt noch warm mit gewaschenen Basilikumblättern und ggf. etwas frisch geriebenem Parmesan bestreut servieren.

TOMATEN-
FOCACCIA

ZUTATEN
FÜR 1 BROT

FÜR DEN TEIG

500 g Weizenmehl (Type 405)
2 TL Salz
1 TL Zucker
1 Päckchen Trockenhefe
300 ml Tomatensaft
5 EL Olivenöl

FÜR DEN BELAG

300 g gemischte Tomaten
½ TL Salz
3 EL Olivenöl

NACH DEM BACKEN

Olivenöl

ZUBEREITUNG

Den Teig am besten am Vortag ansetzen. Dazu das Mehl in eine große Schüssel sieben und mit dem Salz, dem Zucker und der Trockenhefe vermengen. Den Tomatensaft leicht erwärmen, mit dem Olivenöl zufügen und alles in 3–4 Minuten zu einem glatten Teig verkneten.

Den Teig zur Kugel formen, in eine Schüssel legen und darin straff abgedeckt mit Frischhaltefolie (so kann der Teig nicht austrocknen am Rand) über Nacht gehen lassen.

Den Teig am nächsten Tag nochmals gut durchkneten und den Ofen auf 200 °C (Umluft) vorheizen. Die Tomaten waschen, putzen und je nach Größe halbieren oder ganz lassen.

Den Teig zu einem Fladen ausrollen und die Tomaten hineindrücken. Salz und Olivenöl auf der Focaccia verteilen. Das Tomatenbrot im heißen Backofen etwa 25 Minuten backen.

Die Focaccia noch warm mit Olivenöl beträufelt servieren.

TIPP
Eine Focaccia lebt von ihrer fluffig-saftigen Konsistenz. Daher sollte sie immer lauwarm direkt nach dem Backen serviert werden.

OLIVEN-
FOCACCIA

ZUTATEN
FÜR 1 BROT

FÜR DEN TEIG

500 g Weizenmehl (Type 405)

2 TL Salz

1 TL Zucker

1 Päckchen Trockenhefe

5 EL Olivenöl

FÜR DEN BELAG

200 g gemischte Oliven nach Wahl

½ TL Meersalz

3 EL Olivenöl

NACH DEM BACKEN

Olivenöl

ZUBEREITUNG

Den Teig am besten schon am Vortag ansetzen. Dazu das Mehl in eine große Schüssel sieben und mit dem Salz, dem Zucker und der Trockenhefe vermengen. 300 ml lauwarmes Wasser und das Olivenöl zufügen. Alles 3–4 Minuten zu einem glatten Teig verkneten.

Den Teig zur Kugel formen, in eine Schüssel legen und darin straff abgedeckt mit Frischhaltefolie (so kann der Teig nicht austrocknen am Rand) über Nacht gehen lassen.

Den Teig am nächsten Tag nochmals gut durchkneten und den Ofen auf 200 °C (Umluft) vorheizen. Den Teig zu einem Fladen ausrollen und die Oliven hineindrücken. Salz und Olivenöl auf der Focaccia verteilen. Das Olivenbrot im heißen Backofen etwa 25 Minuten backen.

Die Focaccia noch warm mit Olivenöl beträufelt servieren.

TIPP

Die Oliven-Focaccia immer lauwarm, am besten unmittelbar nach dem Backen servieren, so schmeckt sie am besten!

GEMÜSE,

PASTA &

VEGETARISCH

ITALIENISCHE BACKKARTOFFELN MIT OLIVEN & KAPERN

ZUTATEN
FÜR 4 PORTIONEN

FÜR DIE BACKKARTOFFELN

1 kg festkochende Kartoffeln

2 rote Zwiebeln

2 Knoblauchzehen

1 getrocknete Chilischote

1 TL Salz

5 EL Olivenöl

NACH DEM BACKEN

1 EL hochwertiges Olivenöl

2 EL Kapern

5–6 EL gemischte Oliven

(ALS BEILAGE / 2–3 PORTIONEN ALS HAUPTSPEISE)

ZUBEREITUNG

Den Backofen auf 175 °C (Umluft) vorheizen und ein Backblech mit Olivenöl fetten.

Die Kartoffeln gründlich waschen, putzen und grob würfeln. Die Zwiebeln und die Knoblauchzehen schälen und in dünne Ringe schneiden bzw. die Knoblauchzehen sehr fein würfeln. Die Chilischote grob zerstoßen.

Die Kartoffelwürfel, die Zwiebelringe, die Knoblauchwürfel, die Chilistücke, das Salz und das Olivenöl gut vermengen und auf dem Blech verteilen.

Im heißen Backofen rund 35 Minuten backen.

Die Backkartoffeln nach dem Garen mit dem kalten Olivenöl, den Kapern und den Oliven vermengen und direkt servieren.

TIPP

Die Backkartoffeln lassen sich sehr flexibel als Beilage oder Antipasti kombinieren. Sie passen sowohl zu Fisch als auch zu Fleisch. Wer sie als Hauptgericht zubereiten möchte, serviert zum Beispiel einen Knoblauchdip oder einen Basilikumjoghurt dazu. Dafür einfach griechischen Joghurt (10 % Fett) mit etwas Basilikumpesto und Salz abschmecken.

GNOCCHI-PÄCKCHEN
MIT PESTO & KIRSCHTOMATEN

ZUTATEN
FÜR 2 PORTIONEN

250 g kleine Kirschtomaten

125 g Büffelmozzarella

250 g Kartoffelgnocchi (aus dem Kühlregal)

1 Prise Salz

2 geh. EL Basilikumpesto

1 EL Olivenöl

ZUM ANRICHTEN

1 Handvoll Basilikumblätter

(ALS HAUPTSPEISE)

ZUBEREITUNG

Den Backofen auf 165 °C (Umluft) vorheizen.

Die Tomaten waschen, putzen und halbieren, den Mozzarella in kleine Stücke zupfen.

Die Gnocchi in eine Schüssel geben und leicht salzen. Die restlichen Zutaten zufügen und alles vermengen.

Zwei Bogen Backpapier bereit legen und jeweils mittig die Hälfte der Gnocchi verteilen. Die Backpapierbogen seitlich wie ein Bonbon zu einem Päckchen eindrehen und die Seiten nach Wunsch mit Küchengarn verschließen. Es würde auch reichen, das Papier einfach fest einzudrehen.

Die Päckchen oben verschließen und im heißen Ofen etwa 25 Minuten backen.

Die Tomaten-Basilikum-Gnocchi in den geöffneten Päckchen mit frischen gewaschenen Basilikumblättern anrichten und sofort servieren.

TIPP

Dieses Rezept funktioniert auch mit Tomatenpesto anstelle von Basilikumpesto!

CAPONATA – SÜSS-SAURES GEMÜSE NACH ITALIENISCHER ART

ZUTATEN
FÜR 4 PORTIONEN

FÜR DAS GEMÜSE

1 große Aubergine

1 große Zucchini

2 Paprika

1 Fenchelknolle

250 g kleine Kirschtomaten

1 rote Zwiebel

1 Knoblauchzehe

1 TL Salz

1 Prise Zucker

4 EL Olivenöl

ZUM ABSCHMECKEN UND ANRICHTEN

3 EL Pinienkerne

2 EL Weißweinessig

2 EL Olivenöl

(ALS BEILAGE/VORSPEISE)

ZUBEREITUNG

Den Ofen auf 165 °C (Umluft) vorheizen.

Das Gemüse waschen, putzen und würfeln bis auf die Tomaten, diese nur waschen und ganz lassen. Die Zwiebel und die Knoblauchzehe schälen und fein würfeln.

Alle Zutaten für das Gemüse in einer großen Auflaufform vermengen. Das Gemüse im heißen Backofen rund 35 Minuten backen, zwischendurch ein- bis zweimal umrühren, sodass das Gemüse gleichmäßig gart und oben nicht zu dunkel wird. Währenddessen die Pinienkerne in einer kleinen Pfanne ohne Fett vorsichtig anrösten.

Das Gemüse aus dem Ofen nehmen, mit Weißweinessig – und wenn nötig – etwas Zucker abschmecken, sodass der typische feine süß-säuerliche Caponata-Geschmack entsteht. Das kalte Olivenöl unterheben und das Gemüse mit Pinienkernen bestreut servieren.

CAPONATA ALS HAUPTSPEISE

Durch fingerdick geschnittene Rindfleischstreifen verwandelt man dieses leckere Gemüsegericht im Nu in ein Hauptgericht! Dazu einfach 2–3 Hüftsteaks in dicke Streifen schneiden, leicht salzen und die Streifen etwa 15 Minuten vor Ende der Garzeit unter das Gemüse heben und mitbacken. Für Vegetarier einfach 15 Minuten vor Ende der Garzeit 2–3 Eier in das Gemüse gleiten und stocken lassen.

FREGOLA SARDA
MIT TOMATEN, BURRATA & BASILIKUM

ZUTATEN
FÜR 4 PORTIONEN

FÜR DIE FREGOLA SARDA

1 rote Zwiebel

1 Knoblauchzehe

500 g kleine Kirschtomaten

250 g Fregola Sarda (kleine Pasta-Kügelchen aus Sardinien)

750 ml Tomatensaft

½ TL Salz

NACH DEM BACKEN

150 g Burrata (sahnig gefüllter Mozzarella)

3 EL hochwertiges Olivenöl

1 Handvoll frische Basilikumblätter

(ALS HAUPTSPEISE)

ZUBEREITUNG

Den Backofen auf 165 °C (Umluft) vorheizen und eine ofenfeste Form fetten.

Die Zwiebel und die Knoblauchzehe schälen und fein würfeln. Die Tomaten waschen.

Alle Zutaten für die Fregola Sarda in die Form geben, gut vermengen und abdecken. Wahlweise mit einem Deckel oder mit einem Bogen Backpapier, der straff über die Ofenform gespannt wird.

Nun das abgedeckte Nudel-Gemüse 45 Minuten backen, zwischendurch 3–4-mal umrühren, sodass die Fregola die Flüssigkeit gleichmäßig aufnehmen.

Nach 45 Minuten die Konsistenz der Fregola testen. Wenn sie angenehm bissfest sind, die Ofenform aus dem Ofen nehmen, andernfalls ggf. noch etwas Tomatensaft zugeben und weitere 10 Minuten abgedeckt backen. Den Burrata zerzupfen.

Die fertig gegarten Tomaten-Fregola mit dem hochwertigen Olivenöl abschmecken (ggf. nachsalzen oder noch etwas Chili zugeben, je nach Geschmack) und alles mit dem gezupften Burrata und den gewaschenen Basilikumblättern angerichtet servieren.

FREGOLA?

Fregola sind kleine, runde Nudeln aus Sardinien, die von Hand gerollt werden und wie große Couscous-Kugeln aussehen. Sie werden aus geröstetem Getreide hergestellt und haben daher einen nussig-herzhaften Geschmack.

FREGOLA SARDA
MIT ROTE BETE, SCHINKEN & PARMESAN

ZUTATEN
FÜR 4 PORTIONEN

FÜR DIE FREGOLA SARDA

1 rote Zwiebel

1 kleine Knoblauchzehe

1 getrocknete Chilischote

400 g Rote Bete (vorgekocht)

250 g Fregola Sarda (kleine Pasta-Kügelchen aus Sardinien)

¼ TL Salz

50 g geräucherte Schinkenwürfel

500 ml Rote-Bete-Saft

200 ml Gemüsebrühe

NACH DEM BACKEN

50 g Parmesan

3 EL hochwertiges Olivenöl

(ALS HAUPTSPEISE)

ZUBEREITUNG

Eine Auflaufform mit Olivenöl fetten und den Backofen auf 165 °C (Umluft) vorheizen.

Die Zwiebel und die Knoblauchzehe schälen und fein würfeln. Die Chilischote grob zerstoßen. Die Rote Bete (am besten mit Handschuhen) fein würfeln.

Alle Zutaten für die Fregola Sarda in der Form vermengen und die Form abdecken. Wahlweise mit einem Deckel oder mit einem Bogen Backpapier, der straff um die Form gezogen wird. So garen die Fregola-Pasta im eigenen Saft und trocknen im Ofen nicht aus.

Die Fregola Sarda im heißen Backofen 45 Minuten backen, zwischendurch drei- bis viermal umrühren, sodass die Flüssigkeit von den Nudeln gleichmäßig aufgenommen wird.

Nach 45 Minuten die Konsistenz der Fregola testen. Wenn sie angenehm bissfest sind, die Ofenform aus dem Ofen nehmen, andernfalls ggf. noch etwas Gemüsebrühe zugeben und weitere 10 Minuten abgedeckt garen. Den Parmesan reiben.

Das Olivenöl und den Parmesan unter die gegarten Rote-Bete-Nudeln heben, alles vermengen und servieren.

STAUB
STAUB

X-PRESS-PASTA-
POMODORO

ZUTATEN
FÜR 2 PORTIONEN

1 kleine rote Zwiebel

1 kleine Knoblauchzehe

200 g kleine Kirschtomaten

200 g kurze und flache Nudeln, z. B. Gemelli oder Mini-Maccheroni

1 Msp. Chiliflocken

½ TL getrockneter Oregano

450 ml Tomatensaft

50–60 g Parmesan

(ALS HAUPTSPEISE)

ZUBEREITUNG

Den Backofen auf 170 °C (Umluft) vorheizen.

Die Zwiebel und die Knoblauchzehe schälen und fein würfeln. Die Tomaten waschen.

Eine mittelgroße Auflauf- oder Tarteform fetten und alle Zutaten (außer den Parmesan) darin gut vermengen. Die Form sollte so gewählt sein, dass die Nudeln flach in der Form liegen und die Flüssigkeit alle Nudeln komplett bedeckt. Die Form straff abdecken (wahlweise mit einem Deckel oder mit einem Bogen Backpapier).

Die Nudeln abgedeckt im heißen Ofen 20 Minuten backen. Dann einmal alles vermengen, die Form wieder abdecken und weitere 5–10 Minuten backen. Testen, ob die Nudeln bereits die richtige Konsistenz erreicht haben, sonst weitere 5 Minuten backen. Währenddessen den Parmesan reiben.

Die Pasta mit dem Parmesan servieren und sofort genießen.

TIPP

Einfacher geht Kochen (fast) nicht: Die trockenen Nudeln samt Gemüse und Flüssigkeit in eine Form geben, abgedeckt im Ofen backen, zwischendurch einmal umrühren – und schon sind die köstlichen Pasta Pomodoro servierbereit! Funktioniert übrigens auch mit weiteren Kräutern, anderen Gemüsesäften etc. – Ausprobieren lohnt sich!

X-PRESS-LASAGNE
MIT SPINAT & TOMATEN

ZUTATEN
FÜR 4 PORTIONEN

FÜR DIE TOMATENSOSSE

2 Knoblauchzehen

2 Schalotten

1 kg gestückelte Tomaten (aus der Dose)

½ TL Salz

Pfeffer

½ TL dunkler Balsamicoessig

4 EL Olivenöl

FÜR DAS SPINAT-GEMÜSE

100 g Baby-Spinat

250 g Kirschtomaten

1 rote Zwiebel

1 Knoblauchzehe

3 EL Olivenöl

Salz

AUSSERDEM

6 Lasagneplatten

150 g geriebener Käse (z. B. Gouda)

1 Handvoll Basilikumblätter

(ALS HAUPTSPEISE)

ZUBEREITUNG

Den Ofen auf 165 °C (Umluft) vorheizen und eine höhere Auflaufform fetten.

Die Knoblauchzehen und die Schalotten schälen und fein würfeln.

Alle Zutaten für die Tomatensoße in einer Schüssel vermengen.

Den Spinat waschen und trocken schütteln, die Kirschtomaten waschen, putzen und halbieren. Die Zwiebel und die Knoblauchzehe schälen und fein würfeln.

In einer Schüssel Spinatblätter, die Tomaten, Knoblauch, Zwiebeln, Olivenöl und Salz vermengen, abschmecken und bereitstellen.

Als erste Schicht Tomatensoße in die Form geben. Darauf 3 Lasagneplatten verteilen, nun mit dem Spinat-Gemüse und etwas Tomatensoße fortfahren.

Wieder eine Schicht Lasagneplatten auflegen, darauf Spinat-Gemüse und Tomatensoße geben und alles mit geriebenem Käse abdecken.

Die Gemüselasagne im heißen Ofen rund 30 Minuten überbacken.

Die goldbraun überbackene Lasagne mit gewaschenen Basilikumblättern anrichten, sofort servieren und genießen!

GEFÜLLTE GORGONZOLA-WALNUSS-ZUCCHINI

ZUTATEN
FÜR 2 PORTIONEN

3 mittelgroße Zucchini
Salz
½ Bund Lauchzwiebeln
100 g Walnusskerne
150 g Gorgonzola dolce

ZUM ANRICHTEN
½ Bio-Zitrone
150 g griechischer Joghurt (10 % Fett)
Salz

(ALS HAUPTSPEISE/FÜR 4 PORTIONEN ALS VORSPEISE)

ZUBEREITUNG

Den Backofen auf 175 °C (Umluft) vorheizen und eine Ofenform oder ein Blech fetten.

Die Zucchini waschen, putzen, der Länge nach halbieren und das Fruchtfleisch mittig mit einem Löffel herauskratzen. Die Innenflächen der Zucchini leicht salzen.

Die Lauchzwiebeln waschen, putzen und in feine Ringe schneiden.

Die Walnusskerne grob hacken und den Gorgonzola in kleine Stücke zupfen.

Aus Walnusskernen, Gorgonzola, Lauchzwiebelringen und etwas Salz eine grobe Mischung herstellen und die Zucchini damit füllen. Im heißen Backofen etwa 25 Minuten überbacken.

In der Zwischenzeit die Zitrone heiß abwaschen und von der Hälfte die Schale fein abreiben.

Aus dem Joghurt, etwas Salz und der Zitronenschale einen Dip mixen, der später mit den gebackenen Zucchini serviert wird.

GEFÜLLTE SPITZPAPRIKA „ARRABIATA“

ZUTATEN
FÜR 2–3 PORTIONEN

4 rote Spitzpaprika
Salz
2 getrocknete Chilischoten
250 g kleine Kirschtomaten
250 g Bulgur
½ TL Salz
½ TL Ahornsirup
500 ml Tomatensaft
3 EL Olivenöl

NACH DEM BACKEN

50 g Parmesan

(ALS HAUPTSPEISE/FÜR 4 PORTIONEN ALS VORSPEISE)

ZUBEREITUNG

Die Paprika waschen, der Länge nach halbieren, entkernen, die Innenflächen leicht salzen und auf ein gefettetes Blech setzen. Im Backofen bei 165 °C (Umluft) rund 20 Minuten offen rösten.

In der Zwischenzeit die Chilischoten grob zerstoßen und die Tomaten waschen und halbieren.

Den Bulgur mit dem Salz, den Chilistücken, dem Ahornsirup und den Kirschtomaten in einem Topf vermengen. Den Tomatensaft angießen und alles einmal aufkochen lassen. Von der Platte nehmen und 10 Minuten ziehen lassen.

Das Olivenöl unter den Tomaten-Arrabiata-Bulgur heben und die Masse kräftig abschmecken.

Die Paprika aus dem Ofen nehmen, die Bulgur-Tomaten-Masse in die Paprikahälften füllen und alles 10 Minuten bei 170 °C (Umluft) im Ofen backen. Währenddessen den Parmesan grob in Streifen hobeln.

Die warmen Paprikaschoten mit frisch gehobeltem Parmesan bestreut servieren und noch warm genießen.

OFENGEMÜSE
MIT POLENTA-PARMESAN-HAUBE

ZUTATEN
FÜR 4 PORTIONEN

FÜR DAS GEMÜSE

1 Zucchini

2 Paprika

200 g kleine Kirschtomaten

1 rote Zwiebel

50 g getrocknete und eingelegte Tomaten

200 g braune Champignons

1 getrocknete Chilischote

½ TL Salz

4 EL Olivenöl

FÜR DIE PARMESAN-POLENTA

650 ml Vollmilch

75 g Parmesan

125 g Polenta

ZUM ANRICHTEN

3 EL Parmesan, frisch gehobelt

(ALS HAUPTSPEISE)

ZUBEREITUNG

Eine Tarteform fetten und den Ofen auf 165 °C (Umluft) vorheizen.

Das Gemüse waschen und putzen. Die Zucchini in Scheiben schneiden und die Paprika in dünne Streifen schneiden. Die Zwiebel schälen und in feine Streifen schneiden. Die getrockneten Tomaten abtropfen. Die Champignons vierteln. Die Chilischote grob zerstoßen.

Das Gemüse in der Form vermengen und mit den Chilistücken, dem Salz und dem Olivenöl würzen. Im heißen Ofen etwa 30 Minuten backen, zwischendurch ggf. einmal vermengen, falls die Oberfläche zu dunkel wird.

Rund 5 Minuten vor Ende der ersten Backzeit die Milch aufkochen lassen, den Parmesan hobeln, unter Rühren darin schmelzen lassen und die Polenta ebenfalls unter kräftigem Rühren einstreuen, sobald die Milch kocht. Sofort alles von der Platte ziehen und kräftig rühren, sodass sich keine Klümpchen bilden.

Das Gemüse aus dem Ofen nehmen, die Käse-Polenta-Masse in großen Klecksen auf dem Gemüse verteilen und alles weitere 10 Minuten überbacken.

Das Ofengemüse mit frisch gehobeltem Parmesan bestreut servieren und unbedingt warm genießen.

GNOCCHI
CAPRESE

ZUTATEN
FÜR 2 PORTIONEN

250 g Kartoffelgnocchi (aus dem Kühlregal)

500 g kleine Kirschtomaten

1 rote Zwiebel

4 EL Olivenöl

50 ml Gemüsebrühe

½ TL getrocknete Basilikumblätter

½ TL Salz

150 g Büffelmozzarella

2 EL Pinienkerne

ZUM ANRICHTEN

1 Handvoll Basilikumblätter

(ALS HAUPTSPEISE)

ZUBEREITUNG

Eine mittelgroße Auflaufform fetten und den Ofen auf 170 °C (Umluft) vorheizen.

Die Kirschtomaten waschen, die Zwiebel schälen und in feine Streifen schneiden.

Die Gnocchi, die kleinen Kirschtomaten (im Ganzen), die Zwiebelstreifen, das Öl, die Gemüsebrühe, die getrockneten Basilikumblätter und das Salz in der Auflaufform vermengen und im heißen Backofen rund 20 Minuten backen. Den Mozzarella zupfen. Die Pinienkerne in einer kleinen Pfanne ohne Fett anrösten.

Nun alles einmal vermengen, den Mozzarella zwischen Tomaten und Gnocchi platzieren und weitere 3 Minuten mitbacken.

Die Gnocchi mit gerösteten Pinienkernen und den gewaschenen Basilikumblättern anrichten und sofort servieren.

TIPP

Wer es besonders würzig mag, gibt noch 1 fein gehackte Knoblauchzehe mit zu den Gnocchi!

CAPRESE?

Daran kommt in der italienischen Küche niemand vorbei! Die Kombination aus Tomaten, Mozzarella (bitte echten Büffelmozzarella!) und Basilikum gehört zu Italien wie Pizza und Pasta! Ob ganz frisch als Salat, auf der Pizza, als Pasta- oder als Gnocchi-Gericht – Caprese geht immer!

GNOCCHI
MIT ERBSEN & PARMESANRAHM

ZUTATEN
FÜR 2 PORTIONEN

2 Schalotten

50 g Parmesan

250 g Kartoffelgnocchi (aus dem Kühlregal)

300 g Erbsen

150 g Crème fraîche

50 ml Gemüsebrühe

ZUM ANRICHTEN

3 EL Parmesan, frisch gehobelt

(ALS HAUPTSPEISE)

ZUBEREITUNG

Eine kleine bis mittelgroße Auflaufform fetten und den Backofen auf 170 °C (Umluft) vorheizen.

Die Schalotten schälen und sehr fein würfeln. Den Parmesan grob hobeln.

Gnocchi und Erbsen in der Auflaufform verteilen. Schalottenwürfel, Crème fraîche, Parmesan und Gemüsebrühe in einer Schüssel gut vermengen und in der Auflaufform mit den Gnocchi und Erbsen mischen. Im vorgeheizten Backofen 20 Minuten backen.

Die Erbsen-Gnocchi mit frisch gehobeltem Parmesan bestreuen und sofort servieren.

TIPP

Wer das Gericht beim zweiten Mal variieren möchte, gibt einfach noch 50–75 g Schinkenwürfel mit in die Form.

GRÜNER SPARGEL
AUF TOMATEN-GNOCCHI

ZUTATEN
FÜR 4 PORTIONEN

FÜR DIE TOMATEN-GNOCCHI

500 g kleine Kirschtomaten

1 rote Zwiebel

1 Knoblauchzehe

500 g Kartoffelgnocchi (aus dem Kühlregal)

5 EL Olivenöl

50 ml Gemüsebrühe

½ TL Salz

FÜR DEN SPARGEL

600 g grüner Spargel

75 g Parmesan

(ALS HAUPTSPEISE)

ZUBEREITUNG

Den Ofen auf 170 °C (Umluft) vorheizen und eine große, höhere Ofenform fetten.

Die Tomaten waschen, die Zwiebel und die Knoblauchzehe schälen und fein würfeln.

Die Gnocchi in der Form mit den Tomaten, den Zwiebel- und Knoblauchwürfeln, dem Olivenöl, der Brühe und dem Salz vermengen. Im heißen Backofen rund 25 Minuten backen, zwischendurch ein- bis zweimal vermengen. Währenddessen den Spargel waschen, putzen und die holzigen Enden entfernen. Den Spargel kurz blanchieren (mit heißem Wasser überbrühen).

Nun die grünen Spargelstangen auf die bereits vorgegarten Gnocchi legen, die Form abdecken (zum Beispiel mit einem Bogen Backpapier oder einem Deckel) und den Spargel weitere 12 Minuten mit backen. Den Parmesan reiben.

Nun den Parmesan auf den Spargel geben und alles 5 Minuten (offen) überbacken.

TIPP

Wer relativ dicke Spargelstangen hat, sollte sie wahlweise längs halbieren oder vierteln, sodass der Garpunkt entsprechend passt.

PANZANELLA – LAUWARMER TOMATEN-BROT-SALAT

ZUTATEN
FÜR 2–3 PORTIONEN

1 rote Zwiebel
1 Knoblauchzehe
500 g kleine Kirschtomaten
1 getrocknete Chilischote
1–2 große Scheiben Sauerteigbrot
5 EL Olivenöl
1 EL Weißweinessig
½ TL Salz
¼ TL Ahornsirup
125 g Büffelmozzarella
1 Handvoll Basilikumblätter

(ALS HAUPTSPEISE)

ZUBEREITUNG

Den Backofen auf 175 °C (Umluft) vorheizen.

Die Zwiebel und die Knoblauchzehe schälen und fein würfeln. Die Tomaten waschen und halbieren. Die Chilischote grob zerstoßen und die Brotscheiben würfeln.

Zwiebel- und Knoblauchwürfel, Kirschtomaten, Olivenöl, Weißweinessig, Salz, Ahornsirup und Chilistücke auf einem kleinen Blech oder in einer flachen Ofenform vermengen. Das Sauerteigbrot oben auf den Tomaten verteilen und alles im heißen Backofen etwa 15 Minuten backen. Den Mozzarella zerzupfen (oder Mini-Kugeln verwenden) und die Basilikumblätter waschen.

Den Tomaten-Brot-Mix aus dem Ofen nehmen, den Mozzarella und die Basilikumblätter darauf verteilen, alles nur kurz vermengen und noch warm servieren.

TIPP

Sofort essen! Brotsalat muss frisch nach der Zubereitung gegessen werden, damit das Brot in der Marinade nicht weich wird.

TOMATEN-
PARMESAN-RISOTTO

ZUTATEN
FÜR 3–4 PORTIONEN

FÜR DAS RISOTTO

2 Schalotten

1 Knoblauchzehe

1 getrocknete Chilischote

3 EL Olivenöl

1 TL Salz

250 g Risottoreis

1 l Tomatensaft

250 g kleine Kirschtomaten

ZUM ABSCHMECKEN
UND ANRICHTEN

100 g Parmesan

einige Basilikumblätter

(ALS HAUPTSPEISE)

ZUBEREITUNG

Den Ofen auf 170 °C (Umluft) vorheizen und eine Ofenform mit höherem Rand fetten.

Die Schalotten und die Knoblauchzehe schälen und fein würfeln. Die Chilischote grob zerstoßen.

Alle Zutaten (mit Ausnahme vom Tomatensaft und den Kirschtomaten) in der Ofenform verteilen, gut vermengen und 10 Minuten im heißen Ofen rösten. Die Tomaten waschen. Nun die Tomaten und den Tomatensaft zugeben, alles vermengen, die Form mit einem Deckel abdecken und das Risotto im Ofen rund 30 Minuten garen.

Nach 30 Minuten den Deckel (oder einen Bogen Backpapier, mit dem man eine Ofenform auch immer abdecken kann) entfernen, alles einmal vermengen und ggf. noch etwas Tomatensaft oder Gemüsebrühe zugießen. Jetzt auch schon mal die Konsistenz vom Reis prüfen: Wie lange braucht er noch, bis er angenehm bissfest ist?

Das Risotto wieder abdecken und weiterbacken. Nach insgesamt 45–50 Minuten sollte der Reis die richtige Konsistenz erreicht haben. Nun den Parmesan hobeln (einen kleinen Teil zum Anrichten beiseitelegen) und unter das Risotto heben, alles abschmecken, ggf. nachwürzen und mit den gewaschenen Basilikumblättern servieren.

GEMÜSE-LINSEN
MIT BÜFFELMOZZARELLA & KRÄUTERN

ZUTATEN
FÜR 4 PORTIONEN

1 rote Zwiebel
1 Knoblauchzehe
250 g kleine Kirschtomaten
3 rote und gelbe Paprika
2 Zucchini
1 getrocknete Chilischote
250 g Belugalinsen
1 TL Salz
½ TL Ahornsirup
5 EL Olivenöl
500 ml Gemüsebrühe

ZUM ANRICHTEN
1 Bund glatte Petersilie
200 g Büffelmozzarella

(ALS HAUPTSPEISE)

ZUBEREITUNG

Den Backofen auf 165 °C (Umluft) vorheizen.

Die Zwiebel und die Knoblauchzehe schälen und fein würfeln. Das Gemüse waschen und putzen. Die Tomaten halbieren, die Paprika und die beiden Zucchini fein würfeln. Die Chilischote grob zerstoßen.

Eine tiefe Ofenform bereitstellen und alle Zutaten (einschließlich Gemüsebrühe) darin vermengen. Die Form abdecken (Deckel oder Backpapier) und das Linsengemüse im heißen Ofen 40 Minuten backen. Zwischendurch ein- bis zweimal umrühren, sodass alles schön gleichmäßig gart und an der Oberfläche nicht trocken wird.

Nach 40 Minuten testen, ob die Konsistenz und der Garpunkt der Linsen passen. Falls sie noch zu hart sind, weitere 10–15 Minuten garen und je nach Flüssigkeitsstand in der Form noch etwas Gemüsebrühe zugeben. Währenddessen die Petersilie waschen, trocken schütteln, Blättchen abzupfen und grob hacken. Den Mozzarella zerzupfen (oder Mini-Kugeln verwenden).

Das warme Linsengemüse mit dem Büffelmozzarella und der Petersilie vermengen und sofort servieren.

TIPP
Das Gemüse lässt sich ganz nach Geschmack variieren. Es würden auch fein gewürfelte Auberginenwürfel (vorher salzen!) oder kleine Champignons gut zu den Linsen passen!

OFEN-MINESTRONE – DER KLASSIKER ALS OFENGEMÜSE

ZUTATEN
FÜR 4 PORTIONEN

1 Zwiebel
1 Knoblauchzehe
1 Stange Lauch
5 Möhren
1 Aubergine
1 rote Paprika
1 gelbe Paprika
2 Zucchini
250 g kleine Kirschtomaten
1 getrocknete Chilischote
4 EL Olivenöl
250 ml Gemüsebrühe
250 g Cannelini-Bohnen

ZUM ANRICHTEN
50 g Parmesan

(ALS HAUPTSPEISE)

ZUBEREITUNG

Den Backofen auf 170 °C (Umluft) vorheizen.

Die Zwiebel und die Knoblauchzehe schälen und fein würfeln. Das Gemüse waschen und putzen. Den Lauch in Ringe schneiden, die Möhren schälen und fein würfeln. Die Aubergine, die Paprika und die Zucchini fein würfeln. Die Chilischote grob zerstoßen.

Alle Zutaten (außer die Cannelini-Bohnen) in einer Ofenform vermengen und im heißen Ofen 35 Minuten garen.

Nach 35 Minuten die Cannelini-Bohnen zugeben, alles vermengen und weitere 5 Minuten backen. Währenddessen den Parmesan grob hobeln.

Die Ofen-Minestrone als Gemüsegericht mit dem Parmesan bestreut servieren.

TIPP
Wer das Gemüse etwas kräftiger zubereiten möchte, gibt von Anfang an 100 g geräucherte Schinkenwürfel oder italienische Salsiccia-Wurst mit in die Form.

OFEN-OMELETT „CAPRESE"

ZUTATEN
FÜR 2 PORTIONEN

250 g kleine Kirschtomaten

1 rote Zwiebel

1 Knoblauchzehe

Salz

3 EL Olivenöl

4 Eier

½ TL Salz

ZUM ANRICHTEN

200 g Burrata (sahnig gefüllter Mozzarella)

2 TL Basilikumpesto

(ALS HAUPTSPEISE)

ZUBEREITUNG

Den Ofen auf 175 °C (Umluft) vorheizen und eine kleine Ofenform (flach) fetten.

Die Kirschtomaten waschen, die Zwiebel und die Knoblauchzehe schälen und die Zwiebel in feine Ringe schneiden, die Knoblauchzehe sehr fein würfeln.

Die ganzen Kirschtomaten, die Zwiebelringe, die Knoblauchwürfel, etwas Salz und das Olivenöl in der Form vermengen und im heißen Backofen 20 Minuten backen, bis die Schale der Tomaten aufreißt.

Nun die 4 Eier locker verquirlen, leicht salzen, über die Tomaten gießen. Die Hitze im Backofen auf 150 °C (Umluft) reduzieren und rund 14 Minuten weiterbacken bis zur gewünschten Konsistenz der Eier. Aus dem Ofen nehmen und 3–5 Minuten ruhen lassen.

Währenddessen den Burrata zerzupfen.

Das Ofen-Omelett mit Basilikumpesto und Burrata anrichten und sofort servieren.

TIPP

Das Rezept lässt sich beliebig variieren: Mit den Tomaten können zum Beispiel auch Zucchiniwürfel oder feine Paprikastreifen geröstet werden – so entsteht ein buntes Gemüse-Omelette. Bei mehr Gemüse ggf. eine größere Form und entsprechend mehr Eier verwenden, sodass die Proportionen passen.

STAUB
STAUB

VERSUNKENE EIER
„ARRABIATA"

ZUTATEN
FÜR 2 PORTIONEN

500 g kleine Kirschtomaten
1 Möhre
1 Selleriestange
1 rote Zwiebel
1 Knoblauchzehe
2 getrocknete Chilischoten
5 EL Olivenöl
1 TL Weißweinessig
½ TL Salz

AUSSERDEM

4 Eier
1 Handvoll Basilikumblätter
einige Tropfen hochwertiges Olivenöl

(ALS HAUPTSPEISE)

ZUBEREITUNG

Den Backofen auf 175 °C (Umluft) vorheizen und eine Ofenform mit Olivenöl fetten.

Das Gemüse waschen und putzen. Die Möhre und die Selleriestange fein würfeln, die Zwiebel und die Knoblauchzehe schälen und fein würfeln. Die Chilischoten grob zerstoßen.

Kirschtomaten, Möhren, Sellerie, Zwiebeln, Knoblauch, Olivenöl, Weißweinessig, Chilistücke und Salz in der Form vermengen und 25 Minuten im heißen Backofen backen, anschließend die Temperatur auf 150 °C (Umluft) reduzieren.

Die Eier einzeln aufschlagen und in das Tomaten-Arrabiata-Gemüse gleiten lassen. Die Form wieder in den Ofen stellen und weitere 12 Minuten backen, bis das Eiweiß fest und das Eigelb – je nach Wunsch – noch leicht flüssig oder schon etwas fester ist.

Die versunkenen Arrabiata-Eier mit den gewaschenen Basilikumblättern und einigen Tropfen hochwertigem Olivenöl servieren.

STAUB
STAUB

OFEN-TOMATENSUPPE
MIT BURRATA & BASILIKUM

ZUTATEN
FÜR 4 PORTIONEN

1 kg kleine Kirschtomaten
2 rote Zwiebeln
2 Knoblauchzehen
1 getrocknete Chilischote
½ TL Salz
5 EL Olivenöl
1 l Tomatensaft
2 EL Weißweinessig
½ TL Ahornsirup

ZUM ANRICHTEN

200 g Burrata
(sahnig gefüllter Mozzarella)
1 Handvoll Basilikumblätter

(ALS HAUPTSPEISE)

ZUBEREITUNG

Den Backofen auf 175 °C (Umluft) vorheizen.

Die Tomaten waschen, die Zwiebeln und die Knoblauchzehen schälen und fein würfeln. Die Chilischote grob zerstoßen.

Die Kirschtomaten, die Zwiebel- und Knoblauchwürfel, die Chilistücke, das Salz und das Olivenöl vermengen und in einem gusseisernen (ofenfesten) Topf vermengen. Im heißen Ofen etwa 30 Minuten rösten, bis die Tomaten aufgeplatzt sind.

Nun den Tomatensaft angießen und 5 Minuten mit im Ofen warm werden lassen.

Die Tomatensuppe je nach Bedarf mit Weißweinessig und Ahornsirup abschmecken.

Nun den Burrata zerzupfen, in die Suppe geben und sie direkt mit gewaschenen Basilikumblättern servieren.

TIPP
Wer keinen Burrata bekommt, kann für die Suppe auch Büffelmozzarella verwenden.

ANTIPASTI-GEMÜSESUPPE
MIT BASILIKUM-JOGHURT

ZUTATEN
FÜR 4 PORTIONEN

1 Fenchelknolle
3 Paprika
2 kleine Zucchini
1 Aubergine
1 rote Zwiebel
1 Knoblauchzehe
5 EL Olivenöl
½ TL Salz
1 l warme Gemüsebrühe
Chiliflocken
1 EL Weißweinessig
¼ TL Ahornsirup
Salz
150 g griechischer Joghurt
1 TL Basilikumpesto
einige Basilikumblätter

(ALS HAUPTSPEISE)

ZUBEREITUNG

Den Backofen auf 175 °C (Umluft) vorheizen.

Das Gemüse waschen und putzen. Die Fenchelknolle in dünne Streifen schneiden, die Paprika, Zucchini und Aubergine würfeln. Die Zwiebel und die Knoblauchzehe schälen, die Zwiebel fein würfeln, die Knoblauchzehe in Scheiben schneiden.

Das Gemüse in einen ofenfesten Topf (zum Beispiel aus Gusseisen) geben, mit Olivenöl und ½ TL Salz vermengen und im heißen Backofen rund 35 Minuten rösten.

Nach 35 Minuten einmal umrühren und das Gemüse weitere 10 Minuten rösten.

Den Topf aus dem Ofen nehmen, die warme Gemüsebrühe angießen und die Suppe mit Chiliflocken, Weißweinessig, Ahornsirup und ggf. etwas Salz abschmecken.

Den griechischen Joghurt mit dem Pesto leicht vermengen und jeden Teller mit einem Klecks Basilikum-Joghurt und einigen gewaschenen Basilikumblättern anrichten und sofort servieren.

TIPP
Die Suppe lässt sich auch fein pürieren und dann mit Basilikum-Joghurt servieren!

FISCH

AUBERGINEN- KNOBLAUCH-GEMÜSE MIT GARNELEN & CHILI

ZUTATEN
FÜR 2 PORTIONEN

2–3 Auberginen (ca. 600 g)
250 g Kirschtomaten
2 Knoblauchzehen
1 getrocknete Chilischote
1 knappen TL Salz
4 EL Olivenöl
250–300 g Garnelen (ohne Schale)
Salz
2–3 EL Olivenöl

(ALS HAUPTSPEISE)

ZUBEREITUNG

Eine Auflaufform mit Olivenöl fetten und den Backofen auf 165 °C (Umluft) vorheizen.

Auberginen waschen, putzen und fein würfeln. Tomaten waschen. Die Knoblauchzehen schälen und in dünne Scheiben schneiden. Die Chilischote grob zerstoßen.

Auberginenwürfel, Tomaten, Knoblauchscheiben, Chili, Salz und Olivenöl in der Auflaufform vermengen. Einen Bogen Backpapier über das Gemüse spannen, damit es an der Oberfläche nicht austrocknet, und es im heißen Ofen etwa 35–40 Minuten garen, zwischendurch ein- bis zweimal umrühren.

Nun alles einmal vermengen und die Garnelen auflegen. Etwas Salz und Olivenöl über die Garnelen geben und das Gemüse offen weitere 8–10 Minuten backen.

Mit frischem Ciabatta oder Nudeln servieren und genießen!

TIPP
15 Minuten vor Ende der Garzeit Nudeln aufsetzen, in Gemüsebrühe kochen, abgießen und mit dem Garnelen-Chili-Gemüse vermengen und mit gutem Olivenöl beträufelt servieren!

LACHSFILET-PÄCKCHEN
MIT SPINAT & GORGONZOLA

ZUTATEN
FÜR 2 PORTIONEN

150 g Baby-Spinat
1 Schalotte
1 Knoblauchzehe
100 ml Sahne
Salz
Pfeffer
100 g Gorgonzola dolce
2 Lachsfilets (je ca. 100–150 g)

(ALS HAUPTSPEISE)

ZUBEREITUNG

Den Backofen auf 130 °C (Umluft) vorheizen.

Den Spinat waschen und trocknen, die Schalotte und die Knoblauchzehe schälen und fein würfeln.

Den Spinat in einer Schüssel mit den Schalotten- und Knoblauchwürfeln vermengen, Sahne zugießen und alles mit Salz und Pfeffer würzen. Den Gorgonzola zerzupfen und die Hälfte der gezupften Gorgonzolastücke ebenfalls zur Spinat-Sahne geben.

Nun auf zwei Backblechen jeweils ein Stück Backpapier ausbreiten. Mittig jeweils die Hälfte der Spinat-Sahne-Masse platzieren, etwas flach drücken und die Lachsfilets mittig aufsetzen.

Die Backpapierbögen an den Seiten wie ein Bonbon zum Päckchen einschlagen, fest eindrehen und mit Küchengarn fixieren.

Die Päckchen oben locker verschließen und im heißen Backofen etwa 20–25 Minuten backen. Der Fisch sollte jetzt eine saftig-glasige Konsistenz haben.

Die Päckchen zum Servieren oben öffnen, etwas Salz auf den Fisch geben und die restlichen Gorgonzolawürfel rund um den Fisch verteilen. Die Päckchen warm servieren und sofort genießen.

FINGERSALZ ZUM ANRICHTEN

Wer Fleisch, Fisch oder Gemüse nach dem Garen salzt, der sollte zu Fingersalzen oder Fleur de Sel greifen. Der Vorteil: Durch die gröber geformten Salzkristalle gibt es einen schönen Crunch-Effekt inklusive!

LACHSFILET
AUF SPARGEL-TAGLIATELLE & PARMESANRAHM

ZUTATEN
FÜR 2 PORTIONEN

1 kg weißer Spargel
½ TL Salz
1 gute Prise Zucker
50 g Parmesan
100 ml Sahne
Salz
2 Lachsfilets (je ca. 100–150 g)

ZUM ANRICHTEN
etwas Kresse

(ALS HAUPTSPEISE)

ZUBEREITUNG

Eine kleine bis mittelgroße Auflaufform fetten und bereitstellen. Den Backofen auf 130 °C (Umluft) vorheizen.

Den Spargel schälen, die holzigen Enden entfernen und die Stangen in dünne Streifen (wie Tagliatelle) hobeln. Das funktioniert am besten mit dem Sparschäler. Den Spargel mit ½ TL Salz und etwas Zucker würzen und alles vorsichtig vermengen. Den Parmesan hobeln. Sahne und Parmesan ebenfalls vermengen, leicht salzen und mit den Spargelstreifen in der Form vermengen.

Das Lachsfilet auf den Spargelnudeln platzieren. Einen Bogen Backpapier straff über die Form spannen, sodass der Fisch nicht trocken wird, und alles etwa 20–25 Minuten backen.

Der Fisch sollte jetzt eine saftig-glasige Konsistenz haben. Etwas Salz über den Fisch geben, die Teller mit etwas gewaschener Kresse garnieren und sofort servieren.

TIPP
Die zarten Köpfe des Spargels knapp abschneiden, kurz blanchieren und mit in die Form geben! Dazu passen kurze Nudeln oder auch Kartoffeln.

KABELJAU
MIT PFIRSICHEN, TOMATEN & GORGONZOLA

ZUTATEN
FÜR 2 PORTIONEN

5 Pfirsiche
250 g kleine Kirschtomaten
2 rote Zwiebeln
1 milde bis mittelscharfe Chilischote
Salz
2–3 EL Olivenöl
400 g Kabeljaufilet (2–3 Filets, entgrätet)
Salz
100 g Gorgonzola dolce

(ALS HAUPTSPEISE)

ZUBEREITUNG

Ein Backblech fetten und den Ofen auf 180 °C (Umluft) vorheizen.

Pfirsiche waschen, entkernen und in Spalten schneiden, die Tomaten waschen. Die Zwiebeln schälen und in Ringe schneiden. Die Chilischote waschen und in feine Ringe schneiden.

Die Pfirsichspalten, die ganzen Kirschtomaten, die Zwiebelringe und die Chiliringe auf dem Backblech verteilen. Leicht salzen und mit dem Olivenöl vermengen. Das Pfirsich-Tomaten-Gemüse im heißen Ofen 20 Minuten backen, bis die Tomaten leicht aufplatzen.

Nun die Hitze auf 120 °C (Umluft) reduzieren und die beidseitig leicht gesalzenen Kabeljaufilets auf dem Gemüse verteilen. Den Gorgonzola zerzupfen und die Stücke ebenfalls auf dem Gemüse verteilen und alles weitere 15 Minuten backen.

Der Fisch sollte jetzt eine saftig-glasige Konsistenz haben. Sofort anrichten, servieren und genießen.

TIPP

Die Kombination aus süßen Pfirsichen, süß-säuerlichen Tomaten, Chili, Zwiebeln und Gorgonzola ergibt eine kräftige und intensive Begleitung für den milden Kabeljau. Wer mag, serviert dazu noch geröstetes Ciabatta, mit dem sich der herrliche Sud auftunken lässt!

CONFIERTER ROTBARSCH
IM KRÄUTERÖL

ZUTATEN
FÜR 4 PORTIONEN

5 Knoblauchzehen
1 mittelscharfe Chilischote
1 l Sonnenblumenöl
250 ml Olivenöl (bei größeren Formen wird ggf. mehr Öl benötigt)
2–3 Zweige frischer Rosmarin
2–3 Zweige frischer Thymian
4 Rotbarschfilets (je etwa 150 g)
Salz

(ALS HAUPTSPEISE)

ZUBEREITUNG

Die Knoblauchzehen schälen und halbieren, die Chilischote waschen und in Scheiben schneiden.

Die beiden Öle mit den Kräutern, dem Knoblauch und den Chilistücken in einer großen Auflaufform vermengen und bei 80 °C (Umluft) etwa 20 Minuten warm werden lassen.

Das Öl abgedeckt über Nacht vollständig erkalten lassen und durch ein Sieb gießen. Nun ist das aromatisierte Öl fertig und kann verwendet werden. Dementsprechend kann dieser Vorgang auch gut 2–3 Tage im Voraus passieren.

Den Backofen auf 100 °C (Umluft) vorheizen. Das aromatisierte Kräuteröl wieder in die Auflaufform geben und im Ofen 10 Minuten warm werden lassen. Dann die beidseitig gesalzenen Fischfilets in das Öl legen und im Ofen (je nach Dicke) etwa 20–30 Minuten garen. Bitte zwischendurch prüfen, wie die Konsistenz ist. Sehr dünne Filets können auch schon nach 15–20 Minuten saftig und glasig gegart sein, durchschnittliche Filets brauchen eine halbe Stunde.

Dazu passen Spaghetti mit Olivenöl und Parmesan oder auch ein frischer Salat.

Wozu den Fisch im Öl baden lassen? Er wird so besonders schonend und geschmackserhaltend gegart. Die Filets garen einfach im Kräuteröl und nehmen die Aromen auf.

TIPP

Das aromatisierte Kräuteröl kann natürlich mehrmals verwendet werden und ist so nicht verschwendet!

FLEISCH

HACKBÄLLCHEN
IN TOMATEN-SHERRY-SOSSE

ZUTATEN
FÜR 2 PORTIONEN

4 Schalotten

3 Knoblauchzehen

1 getrocknete Chilischote

4 EL Olivenöl

1,5 kg stückige Tomaten

1 kleiner Schuss trockener Rotwein (etwa 50–100 ml)

1 TL Ahornsirup

500 g Rinderhackfleisch

Salz

Pfeffer

3 EL Sherry

3 EL Pinienkerne

Basilikumblätter

(ALS HAUPTSPEISE)

ZUBEREITUNG

Den Backofen auf 165 °C (Umluft) vorheizen. Die Schalotten und die Knoblauchzehen schälen und fein würfeln. Die Chili fein zerstoßen.

Olivenöl in einer Pfanne erhitzen und die Schalotten- und Knoblauchwürfel darin bei mittlerer Hitze etwa 10 Minuten glasig dünsten, immer wieder vermengen.

Die Hälfte der Zwiebelmischung abnehmen und in eine Schüssel geben – damit wird später das Hackfleisch vermengt und gewürzt. Die andere Hälfte in eine große, gefettete Auflaufform geben, die stückigen Tomaten zugeben und alles mit dem Rotwein, dem Ahornsirup und den Chilikernen vermengen.

Nun das Hackfleisch mit der zweiten Hälfte der Schalotten-Zwiebel-Masse vermengen und mit Salz und Pfeffer würzen. Aus dem Fleischteig etwa 15 Hackbällchen formen und diese in die Tomatensoße in die Auflaufform setzen. Im vorgeheizten Backofen etwa 25 Minuten backen. Nun den Sherry zur Tomatensoße geben, alles kurz vermengen und weitere zwei Minuten backen. Währenddessen die Pinienkerne ohne Fett in der Pfanne rösten.

Die Hackbällchen mit gerösteten Pinienkernen und Basilikumblättern servieren.

TIPP

Die Hackbällchen können einfach pur Teil eines warmen Antipasti-Buffets sein oder auch als Hauptspeise, zum Beispiel mit geröstetem Ciabatta oder Nudeln und Gemüse, serviert werden.

ITALIENISCHER HACKBRATEN
MIT RÖSTKARTOFFELN

ZUTATEN
FÜR 4 PORTIONEN

FÜR DEN HACKBRATEN

2 Baguettescheiben

200 ml Milch

1 rote Zwiebel

1 Knoblauchzehe

3 EL Olivenöl

50 g getrocknete Tomaten in Öl

1 getrocknete Chilischote

1 Ei

800 g Rinderhackfleisch

1 TL Salz

3 TL Kapern

AUSSERDEM

750 g Kartoffeln

200 g kleine Kirschtomaten

½ TL Salz

3 EL Olivenöl

(ALS HAUPTSPEISE)

ZUBEREITUNG

Im ersten Schritt die beiden Baguettescheiben in der Milch einweichen und 20 Minuten stehen lassen. Dann ausdrücken und den weichen Teig beiseitestellen. Währenddessen die Zwiebel und die Knoblauchzehe schälen und fein würfeln.

Den Backofen auf 165 °C (Umluft) vorheizen. Das Öl in einer Pfanne erhitzen. Zwiebel- und Knoblauchwürfel bei mittlerer Hitze glasig dünsten, abkühlen lassen.

Die getrockneten Tomaten abtropfen lassen und fein schneiden, die Chilischote grob zerstoßen. Das Ei verquirlen. Das Hackfleisch und das Salz mit den Zwiebel- und Knoblauchwürfeln, dem ausgedrückten Brot, den gewürfelten Tomatenstücken, den Chilistücken, den Kapern und dem Ei gut vermengen.

Wer testen möchte, ob die Hackmasse gut genug gewürzt ist, der formt ein kleines Hackbällchen, brät es kurz in der Pfanne oder im heißen Ofen (165 °C Umluft, 10 Minuten) und probiert, ob noch Schärfe, Salz, Säure etc. fehlen und würzt entsprechend nach. Das lohnt sich für einen ganzen Hackbraten auf jeden Fall!

Die Kartoffeln gründlich waschen und mit Schale vierteln. Die Kirschtomaten waschen.

Eine große Ofenform fetten. Die Kartoffeln und die ganzen Kirschtomaten darin mit dem Salz und dem Olivenöl vermengen und aus dem Hackteig einen Braten formen. Mittig etwas Platz schaffen, und die Kartoffeln an die Seite schieben und den Hackbraten hineinlegen. Alles im heißen Ofen rund 45 Minuten backen.

Den Hackbraten in Scheiben schneiden und mit den gebackenen Kartoffeln und Tomaten warm servieren.

HÄHNCHENKEULEN MIT SCHALOTTEN, KNOBLAUCH & ZITRONE

ZUTATEN
FÜR 3–4 PORTIONEN

6 Schalotten

3 Knoblauchzehen

½ Bio-Zitrone

4 Hähnchenkeulen

Meersalz zum Einreiben

4 EL Olivenöl

500 g Kartoffelgnocchi (aus dem Kühlregal)

400 ml Gemüsebrühe

(ALS HAUPTSPEISE)

ZUBEREITUNG

Eine große Auflaufform fetten und den Backofen auf 165 °C (Umluft) vorheizen.

Schalotten und Knoblauchzehen schälen und halbieren. 3 Scheiben von der Zitrone abschneiden und halbieren.

Die Hähnchenkeulen mit Meersalz einreiben und in die Form legen. Schalotten, Knoblauch und Zitronen ringsherum verteilen und das Olivenöl über den Hähnchenkeulen verteilen.

Die Hähnchenkeulen im heißen Backofen rund 35–40 Minuten knusprig backen. Nun die Gnocchi zwischen den Keulen verteilen, alles vermengen und die Gemüsebrühe angießen, sodass die Gnocchi gerade bedeckt sind. Weitere 15 Minuten backen.

Die Hähnchenkeulen frisch aus dem Ofen mit den Gnocchi servieren und genießen!

SOSSE ALL INKLUSIVE!

Das Hühnerfett bildet zusammen mit dem Olivenöl, den Zitronen, den Schalotten und dem Knoblauch eine tolle Soße, in der die Gnocchi im Nu wunderbar gar ziehen – so werden sie extrem aromatisch und haben die Soße quasi schon mit aufgesaugt!

PULLED BEEF
ITALIANO

ZUTATEN
FÜR 3–4 PORTIONEN

FÜR DAS PULLED BEEF

2 rote Zwiebeln

750 ml Tomatensaft

750 ml trockener italienischer Rotwein

1 kg Rinderbraten (im Ganzen)

FÜR DEN TOMATEN-OLIVEN-SALAT

1 kg Kirschtomaten

200 g grüne Oliven (ohne Steine)

1 Bund glatte Petersilie

1 rote Zwiebel

Salz

Pfeffer

5 EL Olivenöl

2 EL Weißweinessig

(ALS HAUPTSPEISE)

ZUBEREITUNG

Den Ofen auf 140 °C (Umluft) vorheizen.

Die Zwiebeln für das Rindfleisch schälen und achteln.

Für das Pulled Beef den Tomatensaft, den Rotwein und die Zwiebeln in einen großen Schmortopf geben. Das Rindfleisch in die Flüssigkeit legen und darauf achten, dass es bedeckt ist. Deckel aufsetzen und den Rinderbraten im heißen Backofen etwa 2 ½–3 Stunden zugedeckt schmoren lassen.

Nach 30–40 Minuten einmal prüfen, ob die Hitze passt. Die Flüssigkeit sollte nur minimal köcheln, nicht sprudelnd kochen, sonst wäre die Temperatur zu heiß für das Fleisch und es würde schnell trocken werden.

In der Zwischenzeit den Tomaten-Oliven-Salat zubereiten: Tomaten waschen, putzen und halbieren oder vierteln. Die grünen Oliven halbieren. Die Petersilie waschen, trocken schütteln und fein schneiden. Die Zwiebel schälen und in feine Streifen schneiden. Tomaten, Oliven, Petersilie und Zwiebeln gut in einer Salatschüssel vermengen und alles mit Salz, schwarzem Pfeffer, Olivenöl und Weißweinessig abschmecken und beiseitestellen.

Nach 3 Stunden sollte sich das Fleisch leicht „abzupfen" lassen, wenn man locker mit der Gabel daran zieht – dann hat der Braten die richtige Konsistenz erreicht. Den Braten aus dem Ofen nehmen, das Fleisch auf einen großen Teller geben und feine „gezupfte" Stücke mit einer Gabel abziehen.

Nun jeweils Salat und Pulled Beef zusammen auf Tellern anrichten und anschließend servieren.

STAUB
STAUB

RINDERHÜFTSTEAK
MIT ITALIENISCHEM OFENGEMÜSE

ZUTATEN
FÜR 2 PORTIONEN

FÜR DAS OFENGEMÜSE

1 rote Zwiebel

2 Knoblauchzehen

250 g kleine Kirschtomaten

300 g kleine Kartoffeln

1–2 kleine Zucchini

1 Aubergine

1 getrocknete Chilischote

5 EL Olivenöl

½ TL Salz

AUSSERDEM

1 EL Butter

2 Hüftsteaks (je 150–200 g)

Fingersalz/Fleur de Sel

(ALS HAUPTSPEISE)

ZUBEREITUNG

Den Ofen auf 175 °C (Umluft) vorheizen und das Fleisch aus dem Kühlschrank nehmen. Auf einem Teller temperieren lassen, sodass das Fleisch die Zimmertemperatur annimmt, bevor es verarbeitet wird.

Die Zwiebel und die Knoblauchzehen schälen, die Zwiebel in feine Ringe und die Knoblauchzehen in Scheiben schneiden. Das Gemüse waschen und putzen. Kartoffeln waschen und mit Schale vierteln. Die Zucchini in Scheiben schneiden und die Aubergine fein würfeln. Die Chilischote grob zerstoßen.

Eine Ofenform oder ein Blech bereitstellen und Zwiebeln, Knoblauch, Kirschtomaten, Kartoffeln, Zucchini, Auberginen, Olivenöl, Salz und Chili gut vermengen. Im heißen Backofen rund 35 Minuten rösten, zwischendurch ein- bis zweimal vermengen.

Sobald das Gemüse (fast) die gewünschte Konsistenz erreicht hat, Butter schmelzen und die beiden Hüftsteaks mit flüssiger Butter einpinseln, auf das Gemüse legen, die Hitze auf 130 °C (Umluft) reduzieren und das Fleisch je Seite 8–10 Minuten mit garen. Es sollte so im Kern eine Temperatur von 54 °C (Medium) erreichen. Wer noch stärkere Röstaromen haben möchte, brät die Steaks je Seite für maximal 5 Sekunden in der heißen Pfanne (am besten Butterschmalz verwenden).

Die Steaks mit Fingersalz würzen und direkt mit dem warmen Ofengemüse servieren.

PIZZA

MARINARA-PIZZEN – DER KLASSIKER AUS NEAPEL

ZUTATEN
FÜR 6 KLEINE PIZZEN

PIZZATEIG-GRUNDREZEPT

500 g Weizenmehl (am besten Pizzamehl Type 00, alternativ Type 405)

2 gute TL Salz

5 EL Olivenöl

1 Würfel frische Hefe

1 Prise Zucker

TOMATENSOSSE-GRUNDREZEPT

400 g passierte Tomaten

3 EL Olivenöl

Salz

1 Prise Zucker

AUSSERDEM

2 Knoblauchzehen

einige Basilikumblätter

6 TL Olivenöl

(6 PORTIONEN ALS VORSPEISE)

ZUBEREITUNG

Für den Pizzateig das Mehl in eine Schüssel sieben und mit dem Salz vermengen, das Olivenöl angießen. In einer anderen Schüssel 300 ml lauwarmes Wasser mit der zerbröckelten Hefe vermengen und eine Prise Zucker zugeben, alles gut vermengen, sodass sich die Hefe auflöst. Das Hefe-Wasser-Gemisch zum Mehl geben und innerhalb von 5–6 Minuten einen glatten, noch feuchten Pizzateig kneten. Zur Kugel formen, mit Klarsichtfolie in einer großen Schüssel abdecken und mindestens 12 Stunden ruhen lassen. Dann noch einmal durchkneten, portionieren und Pizzafladen formen und weiterverarbeiten.

Für die Tomatensoße die passierten Tomaten mit Olivenöl, Salz und Zucker abschmecken.

Für die kleinen Marinara-Pizzen den Backofen auf 250 °C (Umluft) vorheizen.

Die Knoblauchzehen schälen und sehr fein würfeln.

Den Pizzateig in 6 Portionen teilen, ausrollen, mit der Tomatensoße bestreichen, mit einigen Knoblauchwürfeln und gewaschenen Basilikumblättern belegen und pro Pizza etwa 1 TL Olivenöl auf der Pizza verteilen.

Die Pizzen im vorgeheizten Backofen etwa 7–8 Minuten backen.

Die Pizzen mit frischen Basilikumblättern und etwas hochwertigem Olivenöl beträufeln und sofort servieren.

ANTIPASTI-GEMÜSEPIZZA
MIT PARMESAN

ZUTATEN
FÜR 4 PIZZEN

1 Grundrezept Pizzateig (S. 112)

1 Grundrezept Tomatensoße (S. 112)

FÜR DAS GEMÜSE

1 kleine Aubergine

2 kleine Zucchini

2 Paprika

1 Knoblauchzehe

½ TL Salz

5 EL Olivenöl

AUSSERDEM

250 g geraspelten Käse (z. B. eine Mischung aus Gouda, Parmesan und Mozzarella)

Olivenöl

5 EL Parmesan

(4 PORTIONEN ALS HAUPTSPEISE)

ZUBEREITUNG

Den Pizzateig bereits am Tag vorher zubereiten. Die Tomatensoße kurz vor dem Backen vorbereiten.

Für das Antipasti-Gemüse das Gemüse waschen und putzen und die Aubergine und die Zucchini in dünne Scheiben schneiden. Die Paprika in dünne Streifen schneiden. Die Knoblauchzehe schälen und halbieren.

Den Backofen auf 175 °C (Umluft) vorheizen. Auberginen- und Zucchinischeiben, Paprikastreifen, Salz, Knoblauch (nur zum leichten Aromatisieren mit in die Form legen) und Olivenöl in einer kleinen Ofenform vermengen und im heißen Backofen 30 Minuten rösten.

In der Zwischenzeit den Teig portionieren und 4 Pizzen formen. Auf gefettete oder mit Backpapier belegte Bleche setzen und mit Tomatensoße bestreichen. Nun den gemischten Käse auf der Tomatensoße verteilen. Erst jetzt werden die Pizzen mit dem Gemüse belegt. Etwas Olivenöl über das Gemüse träufeln und die Pizzen im Backofen bei 250 °C (Umluft) rund 8–9 Minuten backen.

Den Parmesan reiben, auf die Pizzen streuen und servieren.

PIZZA BIANCA
MIT PILZEN & TRÜFFELSALAMI

ZUTATEN
FÜR 4 PIZZEN

1 Grundrezept Pizzateig (S. 112)

400 g Crème fraîche

AUSSERDEM

400 g braune Champignons

250 g geraspelten Käse (z. B. eine Mischung aus Gouda, Parmesan und Mozzarella)

Salz

150 g Trüffelsalami (in dünnen Scheiben)

Olivenöl

(4 PORTIONEN ALS HAUPTSPEISE)

ZUBEREITUNG

Den Pizzateig bereits am Tag vorher zubereiten.

Den Backofen auf 250 °C (Umluft) vorheizen.

Den Pizzateig in 4 Portionen teilen, ausrollen und jede Pizza mit Crème fraîche bestreichen. Die Champignons putzen und in dünne Scheiben schneiden.

Den Käse auf den Pizzen verteilen und erst anschließend mit den leicht gesalzenen Champignonscheiben und der Trüffelsalami belegen. Mit wenigen Tropfen Olivenöl beträufeln und die Pizzen rund 8–9 Minuten im heißen Backofen backen.

Die Pizzen frisch aus dem Ofen servieren und sofort genießen.

PIZZA BIANCA
MIT KARTOFFELN & PARMESAN

ZUTATEN
FÜR 4 PIZZEN

1 Grundrezept Pizzateig (S. 112)
400 g Crème fraîche

AUSSERDEM
350 g kleine Kartoffeln
250 g geraspelten Käse (z. B. eine Mischung aus Gouda, Parmesan und Mozzarella)
Salz
Olivenöl

(4 PORTIONEN ALS HAUPTSPEISE)

ZUBEREITUNG

Den Pizzateig bereits am Tag vorher zubereiten.

Den Backofen auf 250 °C (Umluft) vorheizen.

Den Pizzateig in 4 Portionen teilen, ausrollen und jede Pizza mit Créme fraîche bestreichen. Die Kartoffeln gründlich waschen und mit der Schale ganz dünn raspeln.

Den Käse auf den Pizzen verteilen und erst anschließend mit den gesalzenen Kartoffelscheiben belegen. Mit wenigen Tropfen Olivenöl beträufeln und die Pizzen rund 8–9 Minuten im heißen Backofen backen.

Die Pizzen frisch aus dem Ofen servieren und sofort genießen.

ROTE-BETE-PIZZA
MIT SCHINKEN & ROTEN ZWIEBELN

ZUTATEN
FÜR 4 PIZZEN

1 Grundrezept Pizzateig (S. 112)

FÜR DEN ROTE-BETE-BELAG

500 g Rote-Bete-Kugeln (vorgegart)

4 EL Olivenöl

2 EL Himbeeressig

Salz

Pfeffer

AUSSERDEM

400 g Crème fraîche

250 g geraspelten Käse (z. B. eine Mischung aus Gouda, Parmesan und Mozzarella)

1 rote Zwiebel

200 g geräucherte Schinkenwürfel

Olivenöl

(4 PORTIONEN ALS HAUPTSPEISE)

ZUBEREITUNG

Den Pizzateig bereits am Vortag zubereiten.

Für den kalten Rote-Bete-Belag die Rote Bete fein würfeln und mit Olivenöl, Himbeeressig, Salz und Pfeffer abschmecken, über Nacht durchziehen lassen, vor der Zubereitung rechtzeitig aus dem Kühlschrank nehmen.

Den Backofen auf 250 °C (Umluft) vorheizen.

Den Pizzateig portionieren und 4 Pizzen ausrollen. Den Teig mit Crème fraîche bestreichen und mit dem geraspelten Käse belegen. Die Zwiebel schälen und in feine Ringe schneiden. Die Schinkenwürfel und die roten Zwiebelringe auf den Pizzen verteilen und sie im heißen Ofen 8–9 Minuten backen.

Nach dem Backen die Pizzen mit dem zimmerwarmen Rote-Bete-Salat belegen, mit etwas Olivenöl beträufeln und sofort servieren.

RUCOLA-PIZZA
MIT TOMATEN, SCHINKEN & BURRATA

ZUTATEN
FÜR 4 PIZZEN

1 Grundrezept Pizzateig (S. 112)

1 Grundrezept Tomatensoße (S. 112)

AUSSERDEM

250 g geraspelter Käse (z. B. eine Mischung aus Gouda, Parmesan und Mozzarella)

400 g Kirschtomaten

Olivenöl

150 g Rucola

400 g Burrata (sahnig gefüllter Mozzarella)

4 EL Pinienkerne

12 Scheiben Serranoschinken (sehr dünn geschnitten)

Olivenöl

(4 PORTIONEN ALS HAUPTSPEISE)

ZUBEREITUNG

Den Pizzateig bereits am Vortag zubereiten.

Den Backofen auf 250 °C (Umluft) vorheizen.

Den Pizzateig portionieren und 4 Pizzen ausrollen.

Die Pizzen mit Tomatensoße bestreichen und mit Käse belegen. Die Tomaten waschen und waagerecht halbieren. Die Tomaten auf die Pizzen setzen (mit der Schnittseite nach oben), die Pizzen mit etwas Olivenöl beträufeln und im heißen Backofen rund 8–9 Minuten backen. Den Rucola waschen und trocken schütteln und den Burrata zerzupfen. Die Pinienkerne in einer kleinen Pfanne ohne Fett vorsichtig rösten.

Die Pizzen nach dem Backen direkt mit Rucola, Schinken, Burrata und Pinienkernen belegen und mit Olivenöl beträufelt servieren.

REGISTER

Über die Autorin

Stefanie Hiekmann ist Food- und Gastrojournalistin und schreibt für verschiedene Zeitungen, Magazine und Verlage (z. B. Feinschmecker, Foodie, Welt am Sonntag, FAZ) rund um die schönen Themen Essen, Trinken, Gastronomie und Genuss. Für Kochbücher entwickelt sie nicht nur raffinierte, alltagstaugliche Rezepte, sie ist auch immer wieder unterwegs, um Spitzenköchen und anderen spannenden Menschen aus der gastronomischen Welt über die Schulter zu schauen oder sie zu interviewen. Für das ZDF sitzt sie in der Jury der Kochsendung „Stadt, Land, Lecker“.

Ihre neuesten Rezeptentwicklungen und Informationen zu aktuellen Büchern und Projekten teilt Stefanie Hiekmann auf ihrem Blog „schmecktwohl“ (schmecktwohl.de).

IM NETZ

stefaniehiekmann.de

IMPRESSUM

Bibliografische Information der Deutschen Bibliothek.

Die Deutsche Bibliothek verzeichnet diese Publikation in der Deutschen Nationalbibliografie.

Detaillierte bibliografische Daten sind im Internet über http://www.dnb.de/ abrufbar.

EIN BUCH DER EDITION MICHAEL FISCHER

1. Auflage 2018

Covergestaltung: Verena Raith
Redaktion und Lektorat: Juliane Rottach
Layout und Satz: Anna-Maria Köperl
Texte und Rezepte: Stefanie Hiekmann
Fotografie: Stefanie Hiekmann
Autorenfoto: Wolfgang D. Schott

ISBN 978-3-96093-035-8

Gedruckt bei Polygraf Print, Čapajevova 44, 08001 Prešov, Slowakei

www.emf-verlag.de